AF450868

MANIERE
D'ABSOUDRE
DE L'HERESIE.

Et comme elle se pratique dans les maisons des Nouveaux & Nouvelles Catholiques.

Par le R. P. Herman Kratmann De l'ordre de ff. Prescheurs & Aumoisnier & Predicateur du Roy Pour les nations Septentrionalles.

A PARIS,
M. DC. LXXXV.

PROFESSION
DE LA
FOY CATHOLIQUE.

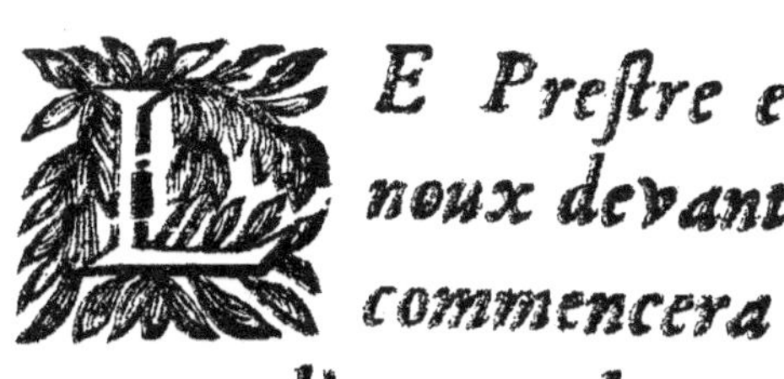*E Prestre estant à genoux devant l'Autel, il commencera par chanter, ou dire avec le peuple.*

VEni Creator Spiritus,
Mentes tuorum visita,
Imple superna gratia,
Quæ tu creasti pectora.

Qui paracletus diceris,
Donum Dei altissimi,
Fons vivus, ignis, charitas,
Et spiritalis unctio.

Tu septiformis munere,

Dextræ Dei tu digitus:
Tu ritè promiſſum patris,
Sermone ditans guttura.

Accende lumen ſenſibus,
Infunde amorem cordibus,
Infirma noſtri corporis,
Virtute firmans perpetim.

Hoſtem repellas longius,
Pacemque dones protinus,
Ductore ſic te prævio,
Vitemus omne noxium.

Per te ſciamus da Patrem,
Noſcamus atque Filium,
Te utriuſque Spiritum
Credamus omni tempore.

Sit laus Patri, cum Filio,
Sancto ſimul Paracleto,
Nobiſque mittat Filius
Chariſma ſancti Spiritus.

℣. Emitte Spiritum tuum &
creabuntur.

℟. Et renovabis faciem terræ.

℣. Domine exaudi orationem meam.

℟. Et clamor meus ad te veniat.

OREMUS.

DEus qui corda fidelium Sancti Spiritus illustratione docuisti, da nobis in eodem Spiritu recta sapere, & de ejus semper consolatione gaudere, Per Christum Dominum, &c.

Le Prestre s'estant assis dans un fauteüil sur le marche-pied de l'Autel, fait lire à haute voix au Penitent (qui est à genoux devant l'Autel, un Cierge allumé à la main) la Profession de la foy Catholique, ou à quelque autre pour luy, en cas qu'il ne sçache pas lire, & sur la fin il luy fait jurer sur les SS. Evangiles, de vivre & de mourir dans cette foy qu'il vient de professer.

PROFESSION DE LA FOY
Catholique.

JE croy & professe par une fer-
me Foy, toutes & chacunes
les choses contenuës au Symbo-
le de la Foy, duquel use la sain-
te Eglise Romaine, à sçavoir: Je
croy en un Dieu le Pere Tout-
Puissant, qui a fait le Ciel & la
terre, & toutes choses visibles &
invisibles : & en un Seigneur
Jesus-Christ, fils seul engendré
de Dieu, & né du Pere avant tous
siecles, Dieu de Dieu, lumiere de
lumiere, vray Dieu de vray Dieu,
engendré, non fait, consubstan-
tiel au Pere : par lequel toutes
choses ont esté faites. Qui pour
nous hommes , & pour nostre

salut est descendu des Cieux : & a esté incarné par le S. Esprit, de la Vierge Marie , & a esté fait homme. A aussi esté enseve-ly : Est ressuscité le troisiéme jour , selon les Escritures : Et est monté au Ciel, est assis à la dextre du Pere, & viendra de-rechef avec gloire juger les vi-vans & les morts, du Royaume duquel il n'y aura point de fin.

Et au saint Esprit , Seigneur vivifiant , lequel procede du Pere & du Fils : lequel est ado-ré & conglorifié ensemble avec le Pere & le Fils, lequel a parlé par les Prophetes : Et *une, sain-te, Catholique & Apostolique* E-glise. Je confesse un *Baptesme en la remission des pechez :* & j'attends la resurrection des morts & la vie du siecle à venir. Ainsi soit-il.

l'admets & embraſſe tres-ferme-
ment les Traditions Apoſtoliques,
& Eccleſiaſtiques, & les autres
obſervations & conſtitutions de
la meſme Egliſe.

Semblablement j'admets l'Eſ-
criture ſainte, ſelon le ſens qu'a tenu
& tient la ſainte Mere l'Egliſe, à
laquelle appartient de juger du vrai
ſens & interpretation des Ecritures
ſacrées, & ne la prendray & inter-
preteray jamis, ſinon ſelon le
conſentement unanime des Peres.

Je confeſſe auſſi qu'il y a vrayement
& propremét ſept Sacremens
de la Loy Nouvelle, inſtituez par
Jeſus-Chriſt Noſtre-Seigneur, &
neceſſaires au ſalut du genre hu-
main, quoy que non pas tous à
un chacun; à ſçavoir le Bapteſme,
Confirmation, Euchariſtie, Penitence, Extreme-onction, ordre &

le *Mariage* : & qu'iceux *conferent la gracè* ; & que d'iceux le Baptê-me, Confirmation, & Ordre, ne peuvent estre reïterez sans Sacri-lege.

Je reçoy & admets aussi *les Ceremonies receuës & approuvées de l'Eglise Catholique* ; en la solem-nelle administration de tous les susdits Sacremens.

J'embrasse & reçois toutes & chacunes les choses qui ont esté definies & declarées du peché originel, & de la justification, au sacro-saint Synode de Trente.

Je professe pareillement, qu'en la Messe est offert à *Dieu un vrai, propre, & propitiatoire Sacrifice pour les vivans & trépassez* : Et qu'au tres-saint Sacrement de l'Eucharistie est *vrayement, réellement, substantiellement, le Corps*

& le Sang ensemble avec l'Ame, & la Divinité de Noſtre - Sei- gneur Jeſus-Chriſt, & que là eſt faite *une converſion la ſubſtance du pain au Corps, & de toute la ſub- ſtence du vin, au ſang:* laquelle converſion l'Egliſe Catholique appelle Tranſſubſtantiation.

Je confeſſe auſſi que ſous *l'une des deux eſpeces ſeulement, Ieſus- Chriſt tout & entier, & un vray Sacrement eſt receu.*

Je tiens conſtamment *qu'il y a un Purgatoire, & que les Ames là detenuës, ſont aidées par les Suffra- ges des fideles.*

Semblablement, que les Saints qui regnent enſemble avec Je- ſus-Chriſt, *ſont à honorer & in- voquer:* & qu'ils offrent Oraiſons à Dieu pour nous ; & que leurs Reliques ſont à venerer.

J'affirme aussi que la puissance des *Indulgences* a esté laissée en l'Eglise par Jesus-Christ, & que l'usage d'icelles est fort salutaire au peuple Chrestien.

Je reconnois la Sainte, Catholique, & Apostolique, Romaine Eglise, *Mere & Maîtresse* de toutes les Eglises.

Et je promets & jure une vraye obeïssance au Pontife Romain, Successeur du Bien - heureux Pierre, *Prince des Apostres, &* *Vicaire de Iesus-Christ.*

Pareillement je reçois & professe indubitablement, toutes les autres choses données, definies & declarées par les Sacrez Canons, & Conciles universels, & principalement par le Sacro-saint Synode de Trente : & ensemble je condamne, rejette, &

anathematize toutes les choses
contraires, & toutes les heresies
condamnées & rejettées & ana-
thematizées par l'Eglise. Je promets, vouë, & jure de retenir &
confesser tres-constament, Dieu
aidant, cette vraye Catholique
Foy, *hors laquelle personne ne peut
estre sauvé*, entiere & inviolable
jusques au dernier soûpir de la
vie, laquelle maintenant je professe de bon gré, & je tiens verita-
blement ; & que je pourvoiray
entant qu'il sera en moy, qu'elle
soit tenuë, enseignée, & prêchée
par mes sujets, ou par ceux le soin
desquels m'appartiendra en ma
charge. Ainsi Dieu me soit en ai-
de & ces Saints Evangiles de
Dieu, sur lesquels je jure & faits
serment.

Psal.

Psal. 50.

MIserere mei Deus : secundùm magnam misericordiam tuam.

Et secundùm multitudinem miserationum tuarum : dele iniquitatem meam.

Amplius lava me ab iniquitate mea : & à peccato meo munda me.

Quoniam iniquitatem meam ego cognosco : & peccatum meum contra me est semper.

Tibi soli peccavi, & malum coram te feci : ut justificeris in sermonibus tuis, & vincas cum judicaris.

Ecce enim in iniquitatibus conceptus sum : & in peccatis concepit me mater mea.

Ecce enim veritatem dilexisti : incerta & occulta sapientiæ tuæ manifeſtaſti mihi.

Aſperges me hyſſopo, & mun-
dabor: lavabis me, & ſuper ni-
vem dealbabor.

Auditui meo dabis gaudium &
lætitiam: & exultabunt oſſa hu-
miliata.

Averte faciem tuam à peccatis
meis: & omnes iniquitates meas
dele.

Cor mundum crea in me Deus:
& ſpiritum rectum innova in
viſceribus meis.

Ne projicias me à facie tua: &
ſpiritum ſanctum tuum ne au-
feras à me.

Redde mihi lætitiam ſalutaris
tui: & ſpiritu principali confirma me.

Docebo iniquos vias tuas: &
impij ad te convertentur.

Libera me de ſanguinibus Deus,

Deus falutis meæ; & exultabit
lingua mea juftitiam tuam.

Domine labia mea aperies : &
os meum annuntiabit laudem
tuam.

Quoniam fi voluiffes facrificium
dediffem utique : holocauftis
non delectaberis.

Sacrificium Deo fpiritus contri-
bulatus : cor contritum & humi-
liatum Deus non defpicies.

Benignè fac Domine in bona
voluntate tua Sion : ut ædificen-
tur muri Jerufalem.

Tunc acceptabis facrificium ju-
ftitiæ, oblationes, & holocaufta
tunc imponent fuper altare tuũ
vitulos.

Gloria Patri & Filio, & Spiritui
fancto.

Sicut erat in principio, & nunc
& femper, & in fæcula fæculo-
rum. Amen.   B ij

℣. Kyrie eleison.

℟. Christe eleison.

Kyrie eleison.

Pater noster, *tout bas.*

℣. Et ne nos inducas in tentationem.

℟. Sed libera nos à malo.

℣. Salvum fac populum tuum.

℟. Deus meus sperantem in te.

℣. Esto illi turris fortitudinis.

℟. A facie inimici.

℣. Nihil proficiat inimicus in eo.

℟. Et filius iniquitatis non apponat nocere ei.

℣. Domine exaudi orationem meam.

℟. Et clamor meus ad te veniat.

℣. Dominus vobiscum.

℟. Et cum spiritu tuo.

OREMUS.

DEvs cui proprium est misereri semper & parcere, suscipe deprecationem noſtram, ut hunc famulum tuum quem ex-communicationis catena con-ſtringit, miſeratio tuæ pietatis clementer abſolvat.

EXaudi quæſumus Domine ſupplicis preces, & confiten-tis tibi parce peccatis, & pariter ei indulgentiam tribuas beni-gnus & pacem.

INeffabilem illi Domine mi-ſericordiam tuam clementer oſtende, ut ſimul eum & à pec-catis omnibus exuas, & à pœnis quas pro his meretur eripias.

DEus qui culpa offenderis, pœnitentia placaris, pre-ces ſervi tui ſupplicantis propi-tius reſpice & flagella tuæ ira-cundiæ quæ pro peccatis ſuis meretur averte. Per Dominum noſtrum, &c.

Le Peuple dit le Confiteor, &c.

ALors le Prestre fait une briéve exhortation au Penitent sur la grace que Dieu luy fait de le retirer de l'erreur, tandis que tant d'autres y perissent; qu'il luy en doit témoigner sa reconnoissance, s'employant à le glorifier de tout son pouvoir, par l'exacte observance de ses Commandemens, & par la pratique des bonnes œuvres; puis que la Foy seule ne suffit pas, & que I. C. ne connoistra point au jour du jugement, ceux qui auront fait des miracles en son nom, s'ils n'ont mené une sainte vie. Et il l'avertira que l'Absolution qu'il va luy donner n'est pas de ses pechez passez qu'il recevra au Sacrement de Penitence, lors qu'il les confessera:

mais seulement de l'excommunication, par laquelle il estoit retranché de l'Eglise, & de la participation des Sacremens à cause de son heresie, & luy ayant imposé une legere penitence, il dit.

Misereatur tui omnipotens Deus, & dimittat tibi omnia peccata tua, liberet te ab omni malo, salvet & confirmet in omni opere bono, & perducat te ad vitam æternam. Amen.

Absolutionem & remissionem omnium peccatorum tuorum, tribuat tibi omnipotens & misericors Dominus. Amen.

Puis le Prestre s'estant couvert, &
la main étenduë sur le penitent, dit,

Dominus noster Jesus Christus te absolvat ; Et ego authoritate ipsius qua fungor, ac

Beatorum Apostolorum Petri &
Pauli, Summi Pontificis, vel
Illustrissimi, ac Reverendissimi
Archiepiscopi Parisiensis in hac
parte mihi commissa, & tibi
concessa, absolvo te in primis
ab omni vinculo excommunicationis majoris quod incurristi ob
crimen hæreseos, & participa-
tionem cum hæreticis, & ob le-
ctionem librorum prohibito-
rum, & restituo te, ~~vel adjun-~~
~~go~~ sanctis Sacramentis Ecclesiæ,
Communioni & Unitati Fidelium, in nomine Patris, & Filij,
& Spiritus Sancti. Amen.

Passio Domini nostri Jesu Christi, merita Beatæ Mariæ semper
Virginis, & omnium Sanctorum, & quidquid boni feceris,
ac mali sustinueris, sit tibi in remissionem peccatorum tuorum,

in augmentum gratiæ Divinæ,
& præmium vitæ æternæ. Amen.
Et prenant la main droite du Peni-
tent, il pourſuit de dire.

REduco te in gremium ſan-
ctæ Matris Eccleſiæ, & ad
conſortium & communionem
totius Chriſtianitatis, à quibus
fueras per excommunicationis
ſententiam eliminatus, & reſti-
tuo te participationi Eccleſiaſti-
corum Sacramentorum, in nomine Patris, &c.

Le Preſtre baiſe le Penitent, mais
ſi c'eſt une femme qui faſſe abjura-
tion, il luy donne ſa benediction,
en diſant,

BEnedictio Dei omnipoten-
tis, Patris, & Filij, & Spiritus Sancti deſcendat ſuper te, &
maneat ſemper. Amen.

Aprés quoy le Chœur, ou le Preſtre

avec les Assistans, chante, ou dit.

TE Deum laudamus: te Do-
minum confitemur.

Te æternum Patrem: omnis terra veneratur.

Tibi omnes Angeli: tibi cæli &
universæ potestates.

Tibi Cherubim & Seraphim: in-
cessabili voce proclamant.

Sanctus, Sanctus, Sanctus, Dominus: Deus Sabaoth.

Pleni sunt cœli & terra : majestatis gloriæ tuæ.

Te gloriosus Apostolorum cho-
rus.

Te Prophetarum laudabilis nu-
merus.

Te Martyrum candidatus, lau-
dat exercitus.

Te per orbem terrarum: sancta
confitetur Ecclesia.

Patrem immensæ majestatis.

Venerandum tuum verum, &
unicum filium.

Sanctum quoque Paracletum
Spiritum.

Tu Rex gloriæ Christe.

Tu Patris sempiternus es Filius.

Tu ad liberandum suscepturus
hominem: non horruisti Virginis uterum.

Tu devicto mortis aculeo: ape-
ruisti credentibus regna cælo-
rum.

Tu ad dexteram Dei sedes : in
gloria Patris.

Judex crederis esse venturus.

Te ergo quæsumus, famulis tuis
subveni: quos pretioso sangui-
ne redemisti.

Æterna fac cum Sanctis tuis,
in gloria munerari.

Salvum fac populum tuum Domine: & benedic hæreditati tuæ.

Et rege eos, & extolle illos usque in æternum.

Per singulos dies: benedicimus te
Et laudamus nomen tuum in sæculum: & in sæculum seculi.

Dignare Domine die isto: sine peccato nos custodire.

Miserere nostri Domine : miserere nostri.

Fiat misericordia tua Domine super nos quemadmodum speravimus in te.

In te Domine speravi: non confundar in æternum.

℣. Confirma hoc Deus quod operatus es in nobis.

℞. A Templo sancto tuo quod est in Hierusalem.

OREMUS.

EXaudi Domine preces nostras: & super hunc famulum tuum Spiritum tuæ benedictionis

ctionis infunde, ut cœlesti munere ditatus , & tuæ Majestatis
gratiam possit acquirere, & be-
ne vivendi aliis exemplum præ-
bere, Per Dominum nostrum &c.
Divinum auxilium maneat semper nobiscum. Amen.

CEla fait de la sorte, le Prêtre
dressera l'acte de l'Abjuration, & le mettra dans un regi-
stre à part, ou s'il ne s'en faisoit
que tres-rarement, dans le regi-
stre des Baptesmes sur la fin, &
signera cét acte, & le fera signer
à celuy qui a fait l'abjuration, &
à nombre suffisant de témoins, &
le gardera avec soin pour y avoir
recours quand besoin sera ; & il
ne luy donnera certificat de son
abjuration, qu'aprés qu'il aura
fait sa Confession generale, &
qu'il aura communié, s'il n'y a

grande raiſon pour l'obliger de
le luy donner auparavant, il luy
remontrera l'extreme importan-
ce de recevoir dignement, autant
qu'il eſt en nous, ces deux Sacremens , & l'énormité du crime
de ceux qui en approchent ſans
les diſpoſitions requiſes & neceſſaires: il l'inſtruira pour cet effet,
comment il s'y doit comporter,
& ſur tout le Catechiſme, on le
mettra entre les mains de per-
ſonnes qui en prendront ſoin, &
il luy recommandera aux pre-
miers Quatre-temps de recevoir
le Sacrement de Confirmation,
inſtitué par Jeſus-Chriſt pour
nous fortifier dans la foy, & pour
nous faire ſupporter patiemmét
toutes les perſecutions que l'on
nous pourroit faire pour la Reli-
gion, & pour nous declarer hau-

tement Catholiques devant le monde. Nous voyons l'effet merveilleux de ce Sacrement dans la personne des Apostres, qui devant que d'avoir receu le Saint Esprit, se tenoient renfermez de crainte dans une chambre, mais qui aprés qu'il fut descendu sur eux au jour de la Pentecoste, allerent hardiment annoncer l'Evangile, & souffrirent presque tous courageusement le martyre pour le nom de Jesus-Christ.

Modele du Certificat de l'Abjuration.

JE soussigné N. certifie à tous ceux qu'il appartiendra, que N âgé de N. années, natif de N. a fait abjuration entre mes mains, de l'heresie de N. en laquelle il a esté élevé (ou en laquelle il a vécu depuis N. an-

nées, en cas qu'il ſe ſoit perver-
ty) & que je luy en ay donné
l'abſolution par commiſſio
ſpeciale de Monſeigneur l'Ar-
chevêque de Paris, dans l'Egliſe
de N. le N. jour de N. en foy de
quoy j'ay ſigné la preſente atte-
ſtation, avec les témoins le jour
de N. &c.

PROFESSIO FIDEI
juxta formam Bullæ
Pii Papæ. IV.

EGo N. firmâ fide credo,
& profiteor, omnia & ſin-
gula, quæ continentur in Sim-
bolo fidei, quo Sancta Romana
Eccleſia utitur, videlicet : Credo
in unum Deum Patrem omnipo-

tentem factorem cœli & terræ,
visibilium omnium, & invisibi-
lium. Et in unum Dominun Jesum Christum filium Dei unige-
nitum. Et ex Patre natum ante
omnia sæcula, Deum de Deo,
lumen de lumine, Deum verum
de Deo vero. Genitum non fa-
ctum, consubstantialem Patri,
per quem omnia facta sunt.
Qui propter nos homines, &
propter nostram salutem desc e-
dit de cœlis. Et incarnatus est
de Spiritu sancto ex Maria Vir-
gine, & homo factus est. Cru-
cifixus etiam pro nobis sub Pontio Pilato. passus & sepultus est.
Et resurrexit tertiâ die secundùm scripturas Et ascendit in
cœlum, sedet ad dexteram Patris. Et iterum venturus est cum
gloria judicare vivos & mortuos,

cujus regni non erit finis. Et in Spiritum sanctum Dominum, & vivificantem, qui ex Patre Filioque procedit. Qui cum Patre & Filio simul adoratur, & conglorificatur, qui locutus est per Prophetas. Et unam sanctam Catholicam, & Apostolicam Ecclesiam. Confiteor unum Baptisma in remissionem peccatorum. Et expecto resurrectionem mortuorum. Et vitam venturi sæculi. Amen.

Apostolicas, Ecclesiasticas Traditiones, reliquasque ejusdem Ecclesiæ Observationes, & Constitutiones firmissimè admitto, & amplector.

Item sacram Scripturam, juxta eum sensum quem tenuit, & tenet sancta mater Ecclesia, cujus est judicare de vero sensu, & in-

terpretatione sacrarum Scriptu-
rarum, admitto: nec eam un-
quam nisi juxta unanimem con-
sensum Patrum accipiam & in-
terpretabor.

Profiteor quoque septem esse
vere, & proprie Sacramenta no-
væ legis, à Jesu Christo Domi-
no instituta, atque ad salutem
humani generis licet non omnia
singulis necessaria ; scilicet, Ba-
ptismum, confirmationem, Eu-
charistiam, Pœnitentiam, Ex-
tremam-unctionem, Ordinem,
& Matrimonium, illaque gratiam conferre, & ex iis Baptis-
mum, Confirmationem, & Ordinem sine sacrilegio reiterari
non posse.

Receptos quoque & appro-
batos Ecclesiæ Catholicæ ritus
in supradictorum omnium Sa-

32

cramentorum folemni admini-
ftratione recipio , & admitto.

Omnia & fingula quæ de peccato originali , & de juftifica-
tione in facrofancta Tridentina fynodo diffinita ,& declarata fuerunt, amplector & recipio.

Profiteor pariter in Miffa of-
ferri Deo verum, proprium, &
propitiatorium facrificium pro
vivis & defunctis, atque in fan-
ctiffimo Euchariftiæ Sacramen-
to effe verè, realiter,& fubftan-
tialiter Corpus & Sanguinem
una cum anima, & divinitate
Domini noftri Jefu-Chrifti, fie-
rique converfionem totius fubftantiæ panis in corpus, & totius fubftantiæ vini in fangui-
nem, quam converfionem Ca-
tholica Ecclefia Tranffubftan-

tiationem appellat.

Fateor etiam sub altera tantum specie, totum atque integrum Christum, verumque Sacramentum sumi.

Constanter teneo Purgatorium esse. Animasque ibi detentas fidelium suffragiis juvari.

Similiter & Sanctos una cum Christo regnantes venerandos atque invocandos esse, eosque orationes Deo pro nobis offerre, atque eorum Reliquias esse venerandas.

Firmiter assero Imagines Christi, & Deiparæ semper Virginis necnon aliorum Sanctorum habendas, & retinendas esse, atque eis debitum honorem, atque venerationem impartiendam.

Indulgentiam etiam potesta-

tem à Christo in Ecclesia reli-
ctam fuisse, illarumque usum
Christiano populo maximè sa-
lutarem esse affirmo.

Sanctam, Catholicam, & A-
postolicam Romanam Eccle-
siam omnium Ecclesiarum Ma-
trem, & Magistram agnosco.
Romanoque Pontifici beati Petri Apostolorum Principis suc-
cessori, ac Jesu Christi Vicario,
veram obedientiam spondeo ac
juro.

Cætera item omnia à sacris
Canonibus, & Oecumenicis
Conciliis, ac præcipuè à Sacro-
sancta Tridentina Synodo tra-
dita, diffinita & declarata, in-
dubitanter recipio atque profiteor, simulque contraria omnia atque hæreses quascumque
ab Ecclesia damnatas, & reje-

&ctas, & anathematizatas, ego pariter damno, rejicio, & ana-matizo.

Hanc veram Catholicam fidem extra quam nemo salvus esse potest, quam in præsenti sponte profiteor, & veraciter teneo, eamdem integram & immaculatam usque ad extremum vitæ spiritum constantissime, Deo adjuvante retinere, & confiteri, atque à meis subditis, seu illis quorum cura ad me in munere meo spectabit, teneri, doceri, & prædicari (quantum in me erit) curaturum. Ego idem N. spondeo, voveo, ac juro; sic me Deus adjuvet, & hæc sancta Dei Evangelia.

[illegible] Er
ß E[illegible]
[illegible] fe[illegible]
n/ all
dem S[illegible]
ter jert
hr R[illegible]
macht
ch ein[illegible]
den R[illegible]
bis E[illegible]

Bekantniß

Deß Römisch-Catholischen

GLAVBENS.

ICH N: N: glaub und bekenne mit beständigem Hertzen/ alle/ und jede Stück/ so in dem Christlichen Glauben verfasset seynd/ den die Heilige Römische Kirche auff diese Weiß gebrauchet/ als nemblich:

Ich glaub in einen GOTT Vatter den Allmächtigen/ Schöpffer des Himmels und der Erden/ aller sichtbahren und unsichtbahren Dingen. Vnd in einem Herren Jesum Christum/ den eingebohrnen Sohn GOTTES/ der auß dem Vatter ist gebohren/ vor allen Zeiten/ ein GOTT auß

ā

GOtt / ein Liecht aus dem Liecht / einen wahren GOtt / aus dem wahren GOtt ge-bohren / nicht gemacht / eines Wesens mit dem Vatter / durch welchen alle Ding seynd gemacht / der umb uns Menschen und umb unsers Heyls Willē ist abgestiegen von den Himmelen / und hat durch den H. Geist aus Maria der Jung-frawen Fleisch an sich genommen / und ist Mensch worden / ist auch für uns gecreutziget unter Pontio Pilato / hat gelitten / und ist be-graben worden.   Und am dritten Tag ist Er / der Schrifft gemäß / aufferstanden / und ist auffgefahren zu den Himelen / sitzet zu der Rech-ten deß Vatters / und wird aber-mahl kommen / mit Herrlichkeit / zu richten die Lebendigen und die Todten / dessen Reich kein End wird haben.   Ich

Ich glaub auch in den H. Geist/ der ein Herz ist uñ Lebendigmacher/ der von dem Vatter uñ dem Sohn hergehet; der mit dem Vatter und dem Sohn angebettet und geehret wird/ der durch die Propheten geredt hat. Ich glaub auch in ein H. Catholische uñ Apostolische Kirch. Ich bekenne einen Tauff zu Vergebung der Sünden/ uñ erwarte die Aufferstehung der Todten/ und ein ewiges zukünfftiges Leben. Amen.

Ich nimb auch an/ glaub und halte festiglich die Apost. Traditiones und alle andere Satzungen der Catholischen Römischen Kirchen.

Die H. Schrifft verstehe ich/ und lasse sie zu/ in und nach dem Verstandt/ welchen die h. Mutter/ die Kirch bißhero hat gehalten/ uñ noch hält/ sintemal Ihr allein zugehört den wahren Verstand und Außlegung

gung der Heil. Schrifft von dem falschen zu unterscheiden.

Ich will auch diese H. Schrifft allzeit nach der einhelliglichen Außlegung der HH. Vätter verstehen und annehmen.

Ich glaube und bekenne/ daß wahrlich und eigentlich sieben Sacramenten deß Neuen Testaments von Christo Jesu unserm Herrn selbsten eingesetzt/ und dem menschlichen Geschlecht sehr nützlich (wiewol nicht alle einem jeden Menschen zur Seeligkeit nothwendig seynd) als nemlich der Tauff/ die Firmung/ das Sacrament deß Altars/ die Buß/ die letzte Oelung/ die Priester-Weyhe/ und die Ehe/ und daß durch diese Sacramenten Gnad mitgetheilt werde/ aus welchen allen der Tauff/ die Firmung/ und die Priester-weihung ohn Gottes

tes Lästerung und grosse Sünde
nicht mögen widerholet / und zum
andermahl gebraucht werden.

Ich nehme auch an und lasse zu
alle gewöhnliche und bewehrte Ge-
bräuche / so in der Christlichen Catholischen Kirchen bey der offentli-
chen herrlichen Darreichung hoch-
gemelter dieser Sacramenten gebraucht werden.

Deßgleichen glaub ich auch alles sämptlich und sonderlich was
von der Erbsünd / und Rechtferti-
gung deß Sünders im allgemei-
nen Concilio zu Trient erkandt und
beschlossen ist worden.

Ich bekenne auch und glaub / daß
in dem Heiligen Ampt der Meß
Gott dem Herrn ein wahres / ei-
gentliches Opffer für die Lebendi-
ge und die Todten auffgeopffert
werde. Daß auch im H. Sacrament

ment deß Altars warhafftig/ leib-
lich und wesentlich zugegen sey
der Leib und das Blut / mit der
Seelen uñ Gottheit unsers Herrn
Jesu Christi / und daß die gantze
Substantz deß Brodts in den Leib
uñ deß Weins in das Blut Christi
verwandelt werde / welche Wand-
lung die Christliche Catholische
Kirch Transubstantiationem neñet.

Ich glaube auch und bekenne /
daß unter einerley Gestalt der gantze unzertheilte Christus vollkom-
mentlich / und das wahre Sacrament seines Fronleichnams genos-
sen und empfangen werde.

Ich glaube auch festiglich daß ein
Fegfeuer seye / und daß die Christ-
glaubige Seelen daselbsten durch
die Fürbitte der glaubigen lebendigen Menschen Trost und Hülff
empfahen.

Item

Item daß man auch die liebe Heiligen/ so mit Christo regieren / ehren und anruffen möge / und daß sie Gott für uns bitten. Darzu auch / daß ihr Heilthumb in Ehren solle gehalten werden.

Ich halte beständiglich darfür / daß man die Bilder Christi / der Mutter Gottes / und anderer lieben Heiligen haben und auffhalten / auch denselbigen gebührliche Ehr und Reverentz erzeigen möge und solle.

Ich glaube auch für gewiß/ daß Christus der Herr den Gewalt deß Ablaß der Kirchen gegeben habe/ auch daß desselbigen Ablaß Gebrauch der Christenheit gar heylsam seye.

Ich verheisse und schwöre dem Römischen Bischoffen/ als dem rechtmäßigen Nachfolger des H. Peters (welcher das Ober-haupt der andern Aposteln/ und der Ober-hirt aller Christen war/ und als dem Stadt-halter Christi auff Erden wahre Gehorsamkeit.

Ich erkenne die H. Allgemeine und Apostolische Römische Kirch für die Mutter und wahre Lehrmeisterinn aller Kirchen. Nimb auch an/ und heise Gut alles/was dieselbige in den H. Canonen zu glauben und zu halten vortrage / und insonderheit was in der jüngst gehaltenen Versamblung oder Concilio zu Trient ist beschlossen / auffgesetzet und anacordnet worden.

Alle Irrthumben aber / Lehr-stück oder Ketzereyen / so diesem Glauben zuwider / und von gemeldter Catholischen Kirchen bißhero verworffen seynd / die verwerffe ich ebenmäßig.

Diesen wahren Catholischen Glauben / ausserhalb dessē niemand seelig kan werden / den ich jetzt freywillig und ungezwungen bekenne / und wahrhafftig halte / will ich auch (mit Hülff Gottes) biß an mein letztes End / und in meinem letzten Seufftzer / standhafftig / gäntzlich und festiglich halten und bekennen. Ich will auch / so viel in mir wird seyn / mich befleissen / daß derselbige von meinen Unterthanen / und allen denen / so mir unter meine Sorg befohlen / gehalten / gelehret und geprediget werde. Daß verheisse / verlobe und schöre ich N: N: Also helffe mir GOTT / und die H. GOttes Evangelia.

ENDE.

[illegible]

DE BELEYDINGE VAN
het Cathelijck Geloof.

ICK N. geloove ende beleyde met een vaſt geloof alles
vvat ſtat in de artyckelen des
Gheloofs de vvelcke de Romſ-
che Heylige Kercke ghebruyck,
te vveten.

Ick gheloof in eenen Godt
Vader almachtigh , den ſchep-
per van hemel ende aerde , van
alle ſinnelijcke ende onſinnelij-
cke dingens ende in eenen Heere
Jeſum Chriſtum eenige ſoone
Godts, voor alle eevve geboore
van den Vader, Godt van Godt,
Licht van 'tlicht, Warlijck Godt
van den vvaerlijcken Godt.
Ghebooren ende niet gheſcha-
pe, vergelijckende aen den va-

der, door de vvecke alles ge-
mackt is, de vvelcke om ons
menschen tvvil, ende om onse
saligheyt, nederghedaelt is uyt
dē Hemelen. Ende is ontfangen
vanden heylighen Gheest, ghebooren uyt de ❤ reyne Mag-
het Maria, ende is mensch ghe-
vvorden, ende heeft voor ons
gheleden onder Pontius Pilatus,
is ghecruyst ghestorven, ende
begraven: ende is den derden
daghe verresen vander doodt,
volgens de heylighe Schrifture.
Ende is opgheklommen ten hē-
mel, ende sit ter rechter-handt
Godts syns Vaders ende sal vve-
derom komen oordeelen de le-
vende ende de dooden, vviens
rijck geen ende nemen sal.

Ick gheloove ooch in den
heyligen Gheest vvelck eenen

Heere is , ende Levendichma-
ker, de vvelcke voort komt van
der Vader ende den Sönne, de
vvelck, ghelyck met den Vader
ende den Sönne vvoort anghe-
beden ende ghe-eert, de vvelck
ghefproken heft door de Propheten.

Ende een heylighe Catholy-
cke Kercke. Ick beleyde een
Doopfel tot verghevinghe van
fonden : ende vervvachte een
verreyfinghe der dooden, ende
het leven van het toekomende
rijck. Amen.

Ick toelat ende gheloove
oock aen de overleveringhen
van de Apoftele ende heyglig-
he Vaders ende alle ander hou-
dinghen van de heylighe Roomfche Kercke , ende om het
fe ook alle de vvette ghemack.
van

van de selve heylighe Roomsche Kerck.

Oock de helighe Schrif-tuere Volghens dien sin de vvel-ck de Heylighe Roomsche Kercke ghehoudē ~~heeft~~ ende noch ~~houd~~, ~~een~~ vvie Het ghe-oorloft is te oordeelen van den vvaerlicke sin ende over-~~ver~~le-veringhe Van de heylighe Schrif-tuere, ende den selve sin ick noyt sal ontfanghen als volg-hens het eendrachtigh consen-timent van de heylighe Vaders.

~~Ick uydeleghen~~

Ick beleyde datter syn seven heylighe Sacramenten van den neuvven vveet van Jesu Christo ingestelt, ende tot saligheyt van het manschelick gheslacht noo~~sakelige~~tsakelijck, al ho vvel alle ~~ende~~ yder niet nootsakelijck, voorna-

E

so

menlijck het Dopsel, het Formsel, het heylighe Sacrament des
Autaers, de Bichte, het heylighe Olysel, het Priesterschap, het
Houvvelijck, ende de selvve
grarie gheven, ende uyt dese,
het Dopsel, het Formsel, ende
het Priesterschap sonder Sacri-
legie niet vveerghenomen Kon-
nen vvorde. De geapprobérde
Ceremonien Van de heylighe
Roomsche kircke, ende vande boven
ghesonde Sacramenten met een
solemnele bedieninghe

Ick ontfanghen ende ghelo-
ve alles vvat van het heylighe
Concilie van Trenten van de
erfsonden, ende Saligmakinge
ghesloten is. ontfanghe ick ende
om Kelfe.

Ick beleyde ock dat in de Misse
vvort opgheoffert an Godt een
vvarachtigh ende in het heyli-
offer voor de leverde ende de doode.

ghe Sacrament des Autaers datter is vvaerlijck Het Vlees ende
Bloedt Christi vereenight met de
Siel ende Godtheyt van onse
Herre Jesu Christi, ende dat de
substantie van het broot ve-
randert in het Licham, ende de
Substantie van tvvijn in Bloet
vvelcke veranderinghe de heylighe Roomsche Kerche tran-
substantiatie nomt.

Ick beleyde oock dat onder
de Specie van brôdt alleen ghenuttight
nutlich vvort Jesus Christus
ende dat se 't een vvaere Sacrament is.

Ick houde vastelijck datter is
een Vagevier, ende in het selve
de Siele door de ghebeden van
de gheloovighe gheholpen
vvorde.

Oock dat de heylighe met
Christo regneren de ghe-eert

52

moeten vvorden ende aenbe-
den, ende de felve voor ons
Godt beden opoffere, ende dat
men haere Reliquien macκ eere.

Icκ houde vaftelicκ dat de
Belde van Chrifti ende fÿne
Moeder altÿt maged ende van
alle heylighe in eere ghehouden
moghen vvorde, ende de felve een ghenochfame reverenfie
mach toone. doen

Dat in de heylighe Room-
fche Kercκ de macht van indul-
gentie van Chrifto ghelaten is,
ende dat haer ghebruyck voor
alle Chriften menfchen heylfam
is. De heylighe Roomfche ende
Apoftolycκe κercκe, van alle
Kercκe vôr Moeder icκ belÿde.

Ende den Paus van Rome naer-
volger van de heylighe Petris
prince der Apoftelen, ende Vica-
rius van Jefus Chriftus ghehoor-

sam heyt beloove, oock alles uyt
de heylighe Regele, ende Concilie van Trenten, ende vaſt ghe-
ſtelt ontvvyfelÿck ick ontfanghe, ende gheloove, ende te-
ghelyck ick verdoeme alles vvat
contrarie is, oock alle ketterye
de vvelcke het ſout moghen
vvefen van de heylighe Rom-
ſche kerck verdoemt.

Dit vvaerachtigh Cathelÿ-
cke gheloove uyt het vvelck
niemant saligh vvorden kan,
het vvelck ick in deſe teghen
vvordighe beleydeniſſe gheloo_ve ende
ve en de vvaerligck houde, ende waerach-
tighlijck
dat de ſelve gheheelÿck ende
onbevleckt is tot myne leſten
aſem Conſtantelyck met Gods
des gratie beleyde ſal, ende ſal
beſorghen dat van myne onder-
ſaten, ende van die vande vvelcke ick de ſorghe hebbe, ghe-

houden gheleert, verhoudigt
vvorden , ende ick N. beloove
beleyde ende svveren op dat
myn Godt mach helpe ende dit
heylijck Evangelie.

Den

CATHOLSCKE

Troes Bekiendelse.

JEg N: N: troer oc bekiender aff mit gandske Hierte et oc hvert stykke / som er begreben i den Christelige tro / Hvilcken den Hellige Romerske Kircke bruger / som er:

Jeg troer paa en Gud Fader allmæctige Himmelens oc Jordens Skabere / oc alle siunlige oc usiunlige ting.

Jeg troer oc paa En Herre Jesum Christum Guds eeniste Søn som er udgaan fra Faderen aff evighed / Gud aff Gud / Lius aff Lius / Sand Gud aff den Sande Gud / fød / oc icke Skabt / et vesen med Fadern / ved Hvilcken alle ting ere giort: som for vi Menniskers skyld / oc for vor Salgheds skyld er nedstigen aff Himmelen /

a

er undfangen aff den H. Aand / taget
Kiød oc Blod aff den hellige Jomfru
Maria / oc er Menniſk vorden. Er
bleffven Kaarsfeſt under Pontio Pilato / død oc begraffven / oc er opſtanden
fra de døde / ſom Sckrifften liuder. Er
opfaren til Himmels / oc ſider hos Gud
Faders allmæctigis Høyre Haand / oc
der fra ſkal Hand igien-komme / med
Herlighed / at dømme Leffvendis oc
Døde / Hvilckens Rige faar ingen
ende.

Jeg troer oc paa den H. Aand / ſom
er en Herre oc Saliggiører ; ſom ud
gaar fra Faderen oc Sønen / ſom bliff-
ver tilbedet oc æret med Faderen oc med
Sønen / ſom Propheterne Haffver ſagt.
Jeg troer oc en Hellig / Catholſcke / oc
Apoſtolſke Kircke. Jeg bekiender en
Daab / til Syndernis forladelſe. Oc
Jeg forhaaber de dødis opſtandelſe / oc
et ævige tilkommendis Liff. Amen.

Jeg tager oc an / troer oc holder ſta-
delig de Apoſtoliſke Traditiones , oc
alt haad ſom den Romerſke Kircke haffver inſæt.

Jeg tillader oc i lige maade / oc for-

staar den Hellige Schrifft med den samme forstand oc meening / som vor H.
Moder den Christelige Kircke hid ind
til haffver tilladt oc forstaat / oc endnu
dagelige tillader oc forstaar: fordi den
rette forstand oc udlegelse Hører hinder
alleene til / at giøre forskel imellem den
Hellige oc den falske Sckrifft: Jeg vil
oc aldrig tage eller udlege den samme
Hellige Sckrifft anderledis / eller i an-
den meening end som de Hellige Fædre
haffver giort.

Jeg troer oc saa oc bekiender at der ere
viselig oc u-feilbarlig siuff Sacramenter i det ny Testament / insæt aff vor
Herre Jesu Christo selff / oc de samme
alldeelis nyttelige til menniskens salig-
hed. (Hvor vel alle dise siuff Sacramenter ere icke alle oc et hvert mennisk
særdeelis fornøden) som ere / Daaben/
Confirmationen / Altterens Sacrament / Pœnitenzen / den sidste onction
eller besmørelse / Prester-vielsen / oc
Ecteskabet. Oc igienem disse Sacramenter bliffver mennisken naade med-
deelt / oc iblandt disse Sacramenter
ere tre / som er Daaben / Confir-

4

mationen / oc Prester=vielsen / som
kand icke reitereres oc igien=tagis for-
uden Guds bespottelse oc stor Synd.

Illige made tager jeg an / oc tillader
alle vaanlige sæder som bruges i den
Romerske Kircke / naar som helst ud-
deeles disse bemelte Sacramenter.

Disligeste troer jeg oc alt hvad som er
bleffven besluttet i den Trienske Concilio , om Arffve=Synden / oc om Ret-
fertiggiørelsen.

Fremdeelis troer jeg oc bekiender / at
i den Hellige Messe / er Gud op offert
et sandferdigt / egentlig / oc forsønligt
offer / for de Leffvendis oc for de Døde.
Oc at vor Herre Jesus Christus er selff /
sandelig / liffactig / oc vesentlig tilstede
i det Hellige Alterens Sacrament med
sit Legeme oc Blod / tillige med Siæl
oc alle sine Guddoms Kraffter / oc at
den gandske Brøds oc Wins Substanz
er forvandelt i Christi Legems oc Blods
Substanz , Hvilcken forvandeling den
Romerske Kircke kalder Transubstan-
tiation.

Jeg troer oc stadelig / at under en
Hver aff disse parter / Christus bliffver

alldeelis i sin fuldkommenhed annam-
med / oc at det er et Heelt oc fuldkom-
meligt Sacrament.

Jeg holder oc forvist at der er et Purgatorium eller Skærs-ild / oc at de
Christene Siæle / som der ere udi / be-
kommer stor trøst oc hielp aff de Christ-
troendis leffvendis menniskers forbøn-
ner.

Jeg tillader oc ßligemaade / at mand
maa ære oc tilbede Guds Helgen / som
regnerer med Christo / oc at de beder
Gud for os. Oc at mand maa holde de-
ris Helligdom i act oc ære.

Jeg holder oc bestandelig derfore / at
mand maa holde i samme ære oc Reverentz Christi Billeder / den Hellige Jomfru Maries / oc alle andre Guds Hel-
gens Billider.

Jeg troer oc forvist at Christus haffver giffvet sin Kircke mact at forlade
Synden / oc at denne mactis brug er
alldeelis nyttelig til menniskens Salig-
hed.

Jeg forloffer oc sver den Romerske
Biscop/ som Sanct Peders rette effter-
følgere (oc de andre Apostelers Herre/

oc Christi Stadtholder paa Jorden)
rette Lydighed.

Jeg kiender den Hellige allmindeli=
ge Catholske Apostoliske Romerske
Kircke for Moder oc rette Lærmesterin=
de for alle andere Kircker. Tager oc
an / oc holder for got alt hvad som er
bleffven besluttet oc ordiniret i Canonen o allmindelige forsamlinger eller
Concilier , oc besynderlig i den all=
mindelig forsambling eller Concilie
til Trient. Jeg forsckiuder oc fordømer
oc alle Lær=stycker eller Kætterier som
strider imod denne forbemelote tro / oc
alt hvad som denne fornessnede Cathol=
ske Kircke haffver forskot oc fordømt/
det forskiuder oc fordømmer jeg illige=
maade.

Denne sande Catholske tro (foru=
den denne ingen kand bliffve salig) den
jeg nu villig oc utvongen bekiender oc
stadelig holder / jeg vil ocsaa (nest Guds
Hielp) stadelig oc gandske fastelig hol=
de oc bekiende den samme tro intil mit
sidste suck.

Jeg vil oc / saa meget mig muelige
er / mig beflitte at det samme aff mine

underdaner / oc aff alle de som hører
mig til / skal være holdet / lært / oc
predigt: det loffver / forsickrer oc sver
jeg N : N : saa hielp mig Gud / oc
hans Hellige Evangelia.